CB003686

© 2022, Buzz Editora
© 2022, Anderson Cavalcante

Publisher ANDERSON CAVALCANTE
Editora TAMIRES VON ATZINGEN
Assistente editorial JOÃO LUCAS Z. KOSCE
Estagiária editorial LETÍCIA SARACINI
Projeto gráfico ESTÚDIO GRIFO
Assistente de design NATHALIA NAVARRO
Pesquisa iconográfica LETÍCIA SARACINI

Nesta edição, respeitou-se o novo Acordo Ortográfico da Língua Portuguesa.

Dados Internacionais de Catalogação na Publicação (CIP) de acordo com ISBD

C376m
   Cavalcante, Anderson
   Meu jeito de dizer que te amo /Anderson Cavalcante.
   São Paulo: Buzz Editora, 2022.
   104 p.
   ISBN 978-65-5393-082-7
   1. Autoajuda. 2. Amor. I. Título.
   2022-1418   CDD 158.1
                                 CDU 159.947

Elaborado por Vagner Rodolfo da Silva CRB 8/9410
Índice para catálogo sistemático:
1. Autoajuda 158.1
2. Autoajuda 159.947

Todos os direitos reservados à:
Buzz Editora Ltda.
Av. Paulista, 726 – mezanino
CEP 01310-100 –São Paulo/SP
[55 11] 4171 2317 | 4171 2318
contato@buzzeditora.com.br
www.buzzeditora.com.br

Anderson Cavalcante

MEU JEITO DE DIZER QUE
te amo

A Tabata, minha esposa, mulher, amante e melhor amiga, que com muito charme, carinho e um pouco de paciência compartilha comigo as descobertas que só o amor é capaz de proporcionar. E como tudo na vida a que dedicamos tempo, atenção e afeto, nossa família cresceu e hoje fomos abençoados com o Matheus e o Bernardo, que, assim como você, são luz na minha vida.

Obrigado por você existir e estar ao meu lado.

AGRADECIMENTOS

A Deus, que com Seu infinito amor me ensina a enxergar todos os dias, através de pequenos detalhes, a importância do ato de amar.

A todas as pessoas que não desperdiçam uma oportunidade de expressar o amor em cada toque, cada troca de olhar, cada gesto, cada cafuné, cada beijo e buscam viver essa realidade no seu dia a dia, tornando, assim, a vida ainda mais bela e repleta de amor.

INTRODUÇÃO

Dizer "eu te amo" nem sempre é suficiente para mostrar a dimensão do amor que carregamos na alma. Há até quem se negue a pronunciar essa frase, porque, às vezes, ela parece simples e desgastada pelo tempo.

Mas, então, como encontrar outro jeito melhor e mais original de dizer isso?

Declarar nosso amor por alguém de uma forma verdadeiramente especial não é fácil, porque cada um tem a sua maneira de amar. Há quem ame com alegria e graça. Há quem ame constrangido e contido. Tem gente que ama com arrebatamento e exagero. Há quem ame simples e tímido.

A verdade é que cada um encontra a melhor forma de expressar seus sentimentos. Por isso, procurei reunir diversas maneiras de demonstrar o amor, sem dizer simplesmente "eu te amo".

Nas imagens e frases deste livro, você encontrará várias possibilidades de declarar seu amor: com humor, ternura, paixão, irreverência, simplicidade e gratidão.

Escolha o seu jeito, mas seja ele qual for, diga, diga sempre, em alto e bom som, com palavras e gestos, porque, afinal, toda forma de amor vale a pena!

Isso é amar... Amar é ter a coragem de se entregar às dores e às delícias de um verdadeiro amor.

É caminhar a cada dia ao lado de alguém que faz você se sentir melhor.

É não querer dormir para aproveitar um pouco mais a presença dessa pessoa tão especial.

É fazer e receber cafuné quando menos se espera.

Amar... Bem, amar é a união de tudo o que a vida tem a nos oferecer.

Ouse, permita-se, entregue-se e você poderá viver um grande amor.

QUANDO VOCÊ
ENTROU NA
MINHA VIDA,

DEIXOU TUDO
DE PERNAS
PARA O AR.

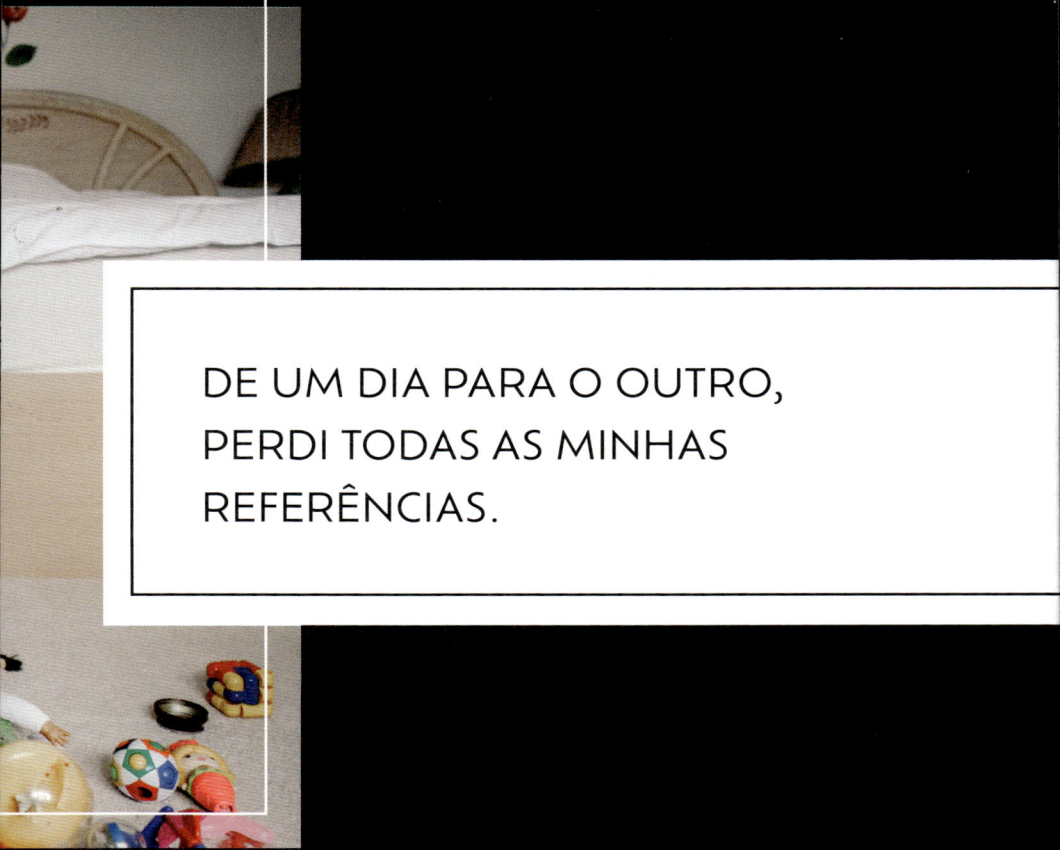

DE UM DIA PARA O OUTRO, PERDI TODAS AS MINHAS REFERÊNCIAS.

FOI COMO SE MINHA BÚSSOLA
INTERNA APONTASSE PARA UMA
ÚNICA DIREÇÃO.

OU SE O MUNDO
TIVESSE FICADO
DESERTO E RESTASSE
UMA ÚNICA ILHA
CHAMADA **NÓS**.

FOI ASSIM QUE PASSEI A ME SENTIR SÓ, MESMO NO MEIO DA MULTIDÃO.

DE REPENTE, AS COISAS ANTES DELICIOSAS PERDERAM O SABOR.

E EU QUE SEMPRE ACHEI
QUE AS CARTAS DE AMOR
ERAM RIDÍCULAS...

... ESCREVI MUITAS CARTAS PARA EXPRESSAR QUANTO ERA GRANDE MEU AMOR POR VOCÊ!

VASCULHEI TODA
POESIA ESQUECIDA
NO FUNDO DAS
MINHAS GAVETAS…

É VERDADE QUE MUITA GENTE ACHOU QUE EU ESTAVA ENLOUQUECENDO.

PORQUE SÓ LOUCOS PASSAM AS NOITES EM CLARO CONSTRUINDO CASTELOS DE SONHOS...

... OU SE PENDURAM NO TELEFONE POR HORAS A FIO SEM CONSEGUIR DESLIGAR...

POR QUE SERÁ QUE NESSA FASE DO AMOR AS CONVERSAS PARECEM NÃO TER FIM?

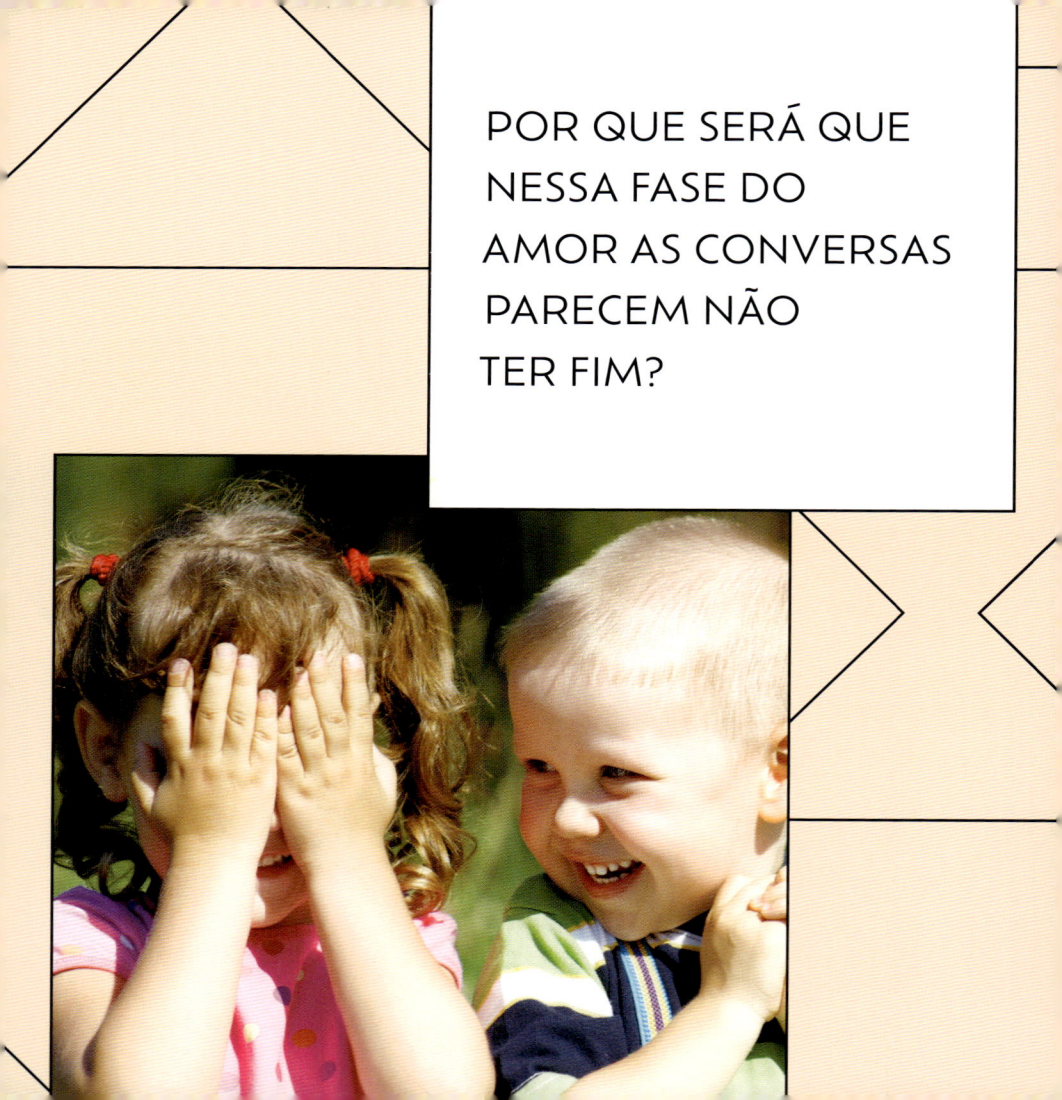

TALVEZ PORQUE
SEJA O MOMENTO
DE DESCOBRIR
E CONSTRUIR
AFINIDADES…

NÓS DOIS
COMPARTILHAMOS
A MÚSICA PREFERIDA,
O FILME INESQUECÍVEL,
O LUGAR QUE
SONHÁVAMOS CONHECER.

E QUANDO
A AFINIDADE
NÃO EXISTIA...

A GENTE TRATAVA DE INVENTAR, SÓ PARA FICAR AINDA MAIS LIGADO UM AO OUTRO.

EU MESMO INVENTEI MUITA COISA, MAS FOI SÓ PORQUE EU QUERIA PARECER MELHOR DO QUE EU ERA DE VERDADE...

FIZ DE TUDO PARA SER MAIS ATRAENTE, MAIS ELEGANTE E MAIS INTERESSANTE SÓ PARA MERECER VOCÊ.

MESMO QUE PARA ISSO EU TIVESSE
QUE FAZER GRANDES SACRIFÍCIOS!

FOI DIFÍCIL,
PORQUE SUA
BELEZA PARECIA
REALMENTE
INALCANÇÁVEL
PARA MIM.

PORÉM, MEU CORAÇÃO
DIZIA QUE UM DIA
EU CHEGARIA LÁ...

E LÁ ERA O ACONCHEGO DEFINITIVO DOS SEUS BRAÇOS.

O MAIS INCRÍVEL DE TUDO É QUE, AO CONTRÁRIO DO QUE TODO MUNDO FALAVA,

ESSE AMOR NÃO DIMINUIU COM O PASSAR DO TEMPO.

É QUE OS OUTROS NÃO SABEM QUE TUDO EM VOCÊ TEM UM GOSTINHO DE QUERO MAIS!

DE VEZ EM QUANDO,
AO OUVIR SUA VOZ
AO TELEFONE, AINDA
SINTO UM FRIOZINHO
NA BARRIGA.

SEU OLHAR CONTINUA
ILUMINANDO TUDO AO
MEU REDOR.

SUAS GARGALHADAS PREENCHEM MEU MUNDO COM ALEGRIAS.

E SEU SILÊNCIO É
QUASE SEMPRE
MEU ÚNICO
PORTO SEGURO.

É CLARO QUE NÓS TAMBÉM TIVEMOS MOMENTOS DIFÍCEIS.

QUANTAS VEZES A GENTE SE DESENTENDEU, QUASE SEMPRE POR COISINHAS SEM A MENOR IMPORTÂNCIA?

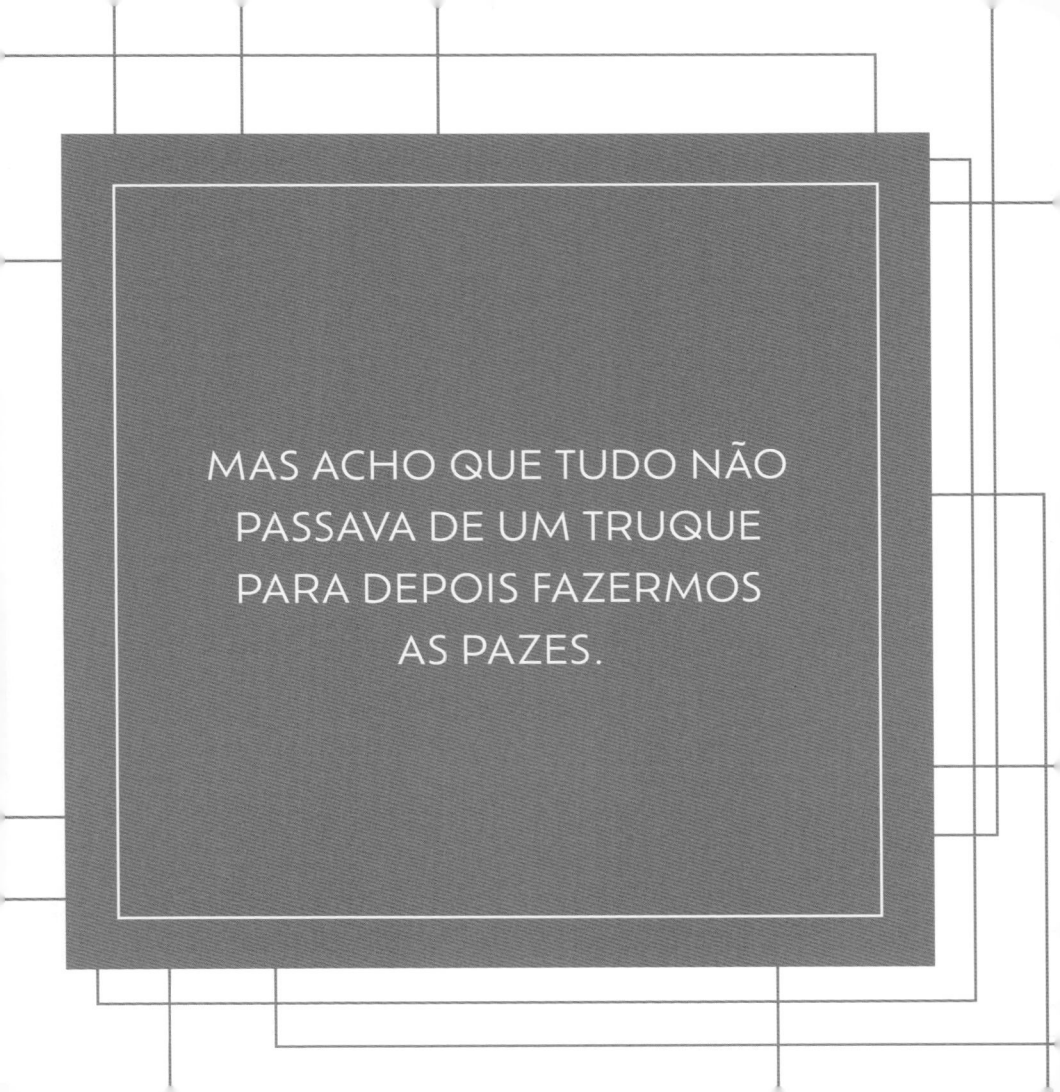

MAS ACHO QUE TUDO NÃO
PASSAVA DE UM TRUQUE
PARA DEPOIS FAZERMOS
AS PAZES.

PODER SENTIR NA BOCA
O GOSTO DE NOSSAS
LÁGRIMAS MISTURADAS
NO MOMENTO DA
RECONCILIAÇÃO.

OUVIR SEU *coração*

VOLTAR A BATER NO
mesmo ritmo

DO MEU.

ESCUTAR MIL VEZES A NOSSA MÚSICA COMO FORMA DE REAFIRMAR NOSSO AMOR.

E, REALMENTE, NESSES MOMENTOS A NOSSA UNIÃO

SE FORTALECIA MAIS DO QUE NUNCA.

TANTO QUE A GENTE
IMAGINAVA QUE NADA
MAIS PODERIA ABALAR
A NOSSA FELICIDADE.

É POR ISSO TUDO QUE
ATÉ HOJE EU AMO PODER
ACORDAR AO SEU LADO...

SENTIR O CHEIRO DA SUA PELE INVADINDO MINHA ALMA PELA MANHÃ.

SUA
PRESENÇA É
COMO O SOL
ENTRANDO
POR UMA
FRESTA DA
JANELA.

EU GOSTO DESSA SENSAÇÃO MÁGICA
DE NÃO SABER AO CERTO ONDE
TERMINO EU E ONDE COMEÇA VOCÊ.

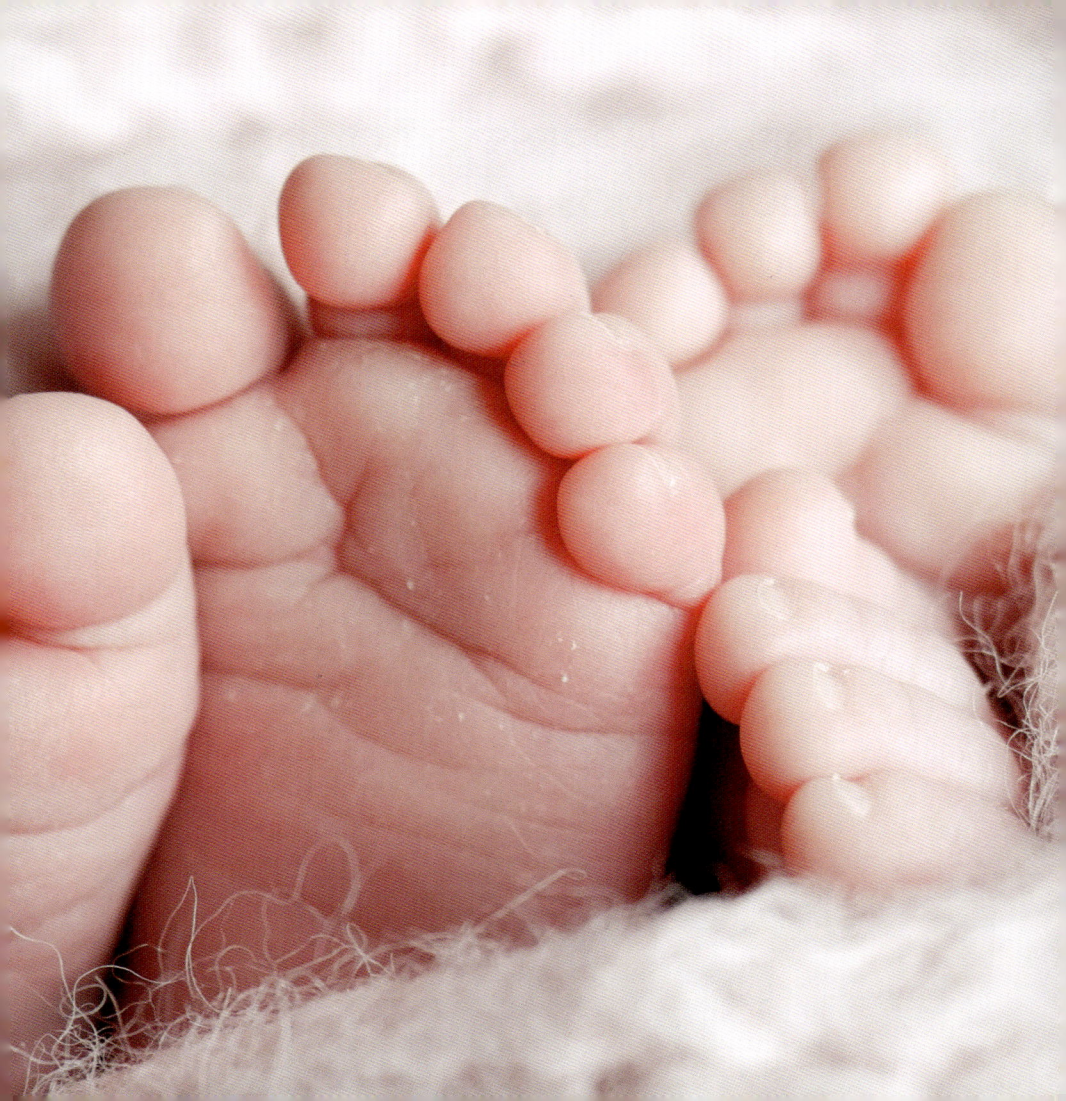

DESSA IMPRESSÃO BOA DE
QUE VAMOS FAZER PARTE UM
DO OUTRO POR TODA A VIDA.

E MEU CORAÇÃO SE
ENCHE DE ESPERANÇA DE
QUE CONTINUAREMOS
SENDO ABENÇOADOS COM
DIAS FELIZES.

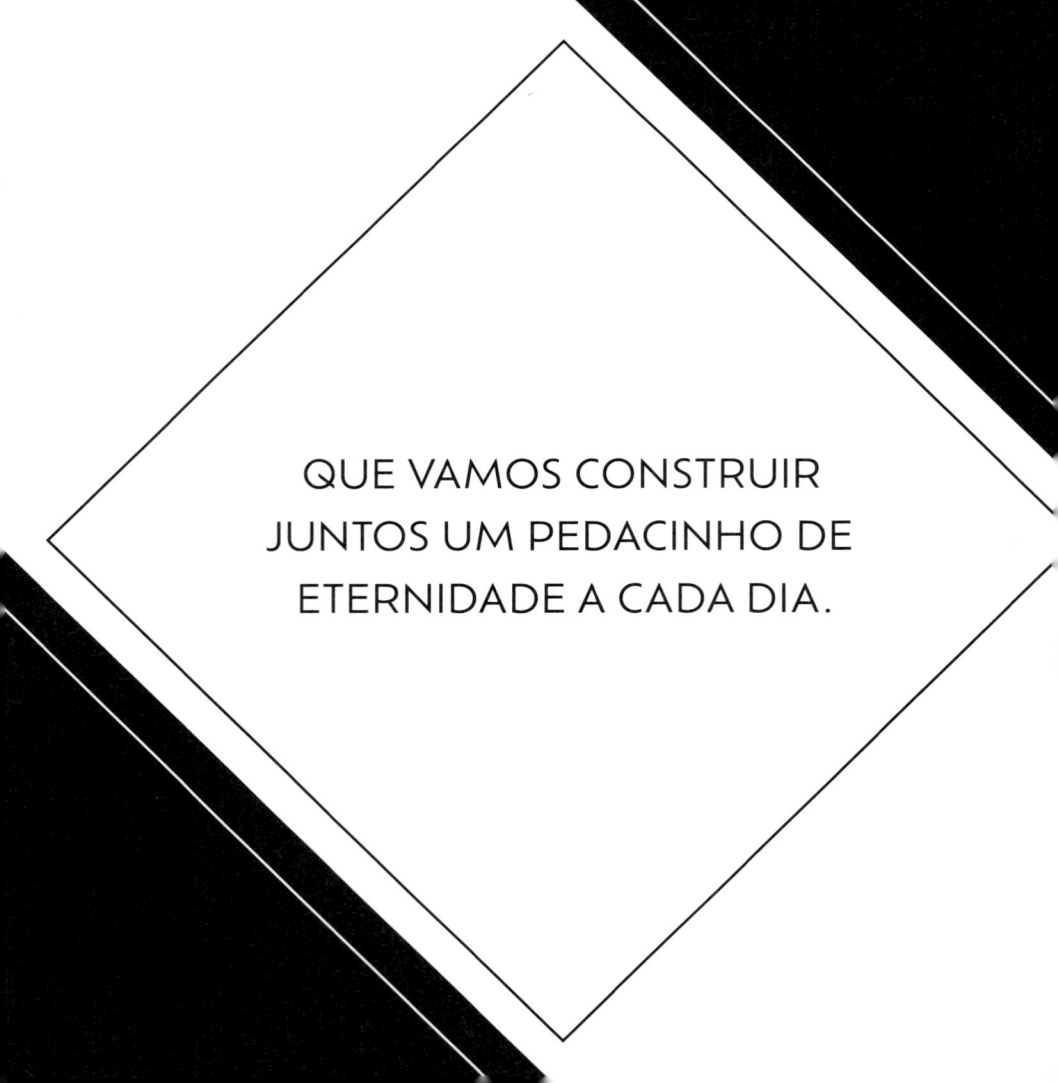

QUE VAMOS CONSTRUIR
JUNTOS UM PEDACINHO DE
ETERNIDADE A CADA DIA.

QUE VEREMOS
NOSSA FAMÍLIA
CRESCER.

E CRESCER...

... E QUE SEMPRE ENCONTRAREMOS NOVAS RAZÕES PARA PERMANECERMOS JUNTOS.

REGANDO
NOSSO AMOR
QUANDO
O TEMPO
PARECER
ÁRIDO
DEMAIS.

PROTEGENDO SUAS RAÍZES DAS TEMPESTADES QUE A GENTE NÃO TEM O PODER DE EVITAR.

PORQUE AMAR É MESMO UM ETERNO CORRER RISCO.

SÓ QUEM TEM CORAGEM
PODE AMAR DE VERDADE.

AMAR É SE ATIRAR EM QUEDA
LIVRE SEM REDE DE PROTEÇÃO.

AINDA ASSIM, EU POSSO DIZER QUE FUI IMENSAMENTE RECOMPENSADO.

PORQUE VOCÊ É
UM DOS MAIORES
ACONTECIMENTOS
DA MINHA VIDA!

É COMO SE O
TEMPO ANTES
DE CONHECER
VOCÊ NÃO
TIVESSE EXISTIDO.

É POR ISSO QUE EU
NÃO POSSO MAIS
VIVER SEM VOCÊ.

TUDO PERDE
O SENTIDO
SE VOCÊ NÃO
ESTIVER COMIGO.

A ÚNICA PROMESSA
QUE EU POSSO FAZER…

... É DE TENTAR SER SEMPRE MELHOR DO QUE EU SOU PARA CONTINUAR VIVENDO CADA DIA AO SEU LADO.

PORQUE EU SEI QUE
VOU TE AMAR...

Por toda a minha vida!

FAÇA PARTE DESTA HISTÓRIA!

Escolha uma foto com a pessoa
amada que represente um momento
importante para vocês e
COLE AQUI!

Anderson Cavalcante é pai, escritor, palestrante e um marido apaixonado que busca namorar todos os dias a esposa que está ao seu lado.